„Für mich die Wörter bitte trennen …"

Herr Stier

unikARTe neun

Marmeladenglasmomente

Wenn junge Leute ihre Gedanken in Texten niederschreiben.

Herausgeber: P-Seminar der St. Ursula Schule 2014/2016
Autor: Hannah Mia Blume, Brenda Gonzalez Acosta, Christina Kulau, Magalie Machbert, Clarissa Neder, Ingrid Snajder, Ludwig Stier, Sophia Thomas, Pauline Weber.
Umschlaggestaltung, Illustration: Pauline Weber, Hannah Blume

Verlag: tredition GmbH, Hamburg
ISBN: 978-3-7345-0313-9 (Paperback)
Printed in Germany

Bibliografische Information der Deutschen Nationalbibliothek:
Die Deutsche Nationalbibliothek verzeichnet diese Publikation in der Deutschen Nationalbibliografie; detaillierte bibliografische Daten sind im Internet über http://dnb.d-nb.de abrufbar.

Inhaltsverzeichnis

Begrüßung des „Poetry-Jam"-Abends am 23.09.2015

Sehr geehrte Sr. Katharina, liebe Schülerinnen des P-Seminars mit Herrn Stier, liebe Kolleginnen und Kollegen, liebe Eltern, liebe Gäste,

ich heiße Sie ganz herzlich willkommen zu unserem heutigen Poetry-Jam-Abend. Poesie ist in jedem Menschen angelegt. Jedes menschliche Wesen kann Poesie wahrnehmen, wenn auch auf unterschiedliche Art und Weise. Zu jeder Zeit sucht die Poesie, eine angemessene, zeitgemäße Sprach zu finden. In unserer Zeit findet sie sie unter anderem in der Poetry.

Es ist schön, dass gerade junge Menschen, die ich im Deutschunterricht in der 9.Jahrgangsstufe sicherlich bei der Besprechung eines Eichendorff-Gedichtes nicht in ekstatische Begeisterung hätte versetzen können, heute Abend die Sprache der Poetrys gewählt haben. Poetry, eng verwandt mit Rap-Kultur, ist sehr emotionsgeladen, spricht dem Vortragenden aus dem Inneren. Spricht damit den Zuhörer möglicherweise viel intensiver an als eine klassische Lesung, Poetry-Texte kann man nicht einfach lesen, man muss sie erleben.

Ich freue mich auf ein derartiges Erleben heute Abend, ich mich auf eine bunte Vielfalt unterschiedlichster, selbst produzierter, live vorgetragener Literatur und wünsche Ihnen allen dazu viel Vergnügen.

Beibringen, Einbringen & Danke

Poetry Jam 2015 in der Sankt Ursula Schule Würzburg.

Wichtig ist für mich, dass ich hier heute nicht als Lehrer oder als Kursleiter stehe, sondern als ganz normales Mitglied des Teams.

Im Folgenden meine Gedanken zum vergangenen Jahr P-Seminar "Poetry Jam" hier an der St. Ursula Schule und zum Abend heute.

Mein Text heißt: Beibringen - Einbringen & Danke und er hat einen Prolog.

Prolog Literatur, Poesie, Poetry. Literatur ist eine ernste Sache und nur für Menschen gemacht, die keine Smartphones bedienen können. Literatur ist eine ernste Sache und darf auf keinen Fall Spaß machen. Und worum es dabei wirklich geht, das wissen nur die Lehrer. Aber die verraten es euch nicht, höchstens, wenn du glück hast, ganz am Schluss, nach der Klausur.

Mit dem Lehrerberuf kennt sich jeder aus, schließlich war jeder auf jeden Fall einmal Schüler (bzw. Schülerin) und hat viele viele Lehrer kennen gelernt. Und mit diesen Lehrern hat er viele viele Erfahrungen gemacht, und zwar solche und auch andere. Und jeder weiß deshalb auch, was Lehrer in erster Linie tun, was quasi ihre Kernkompetenz ist, ihr Alleinstellungsmerkmal – sie bringen Kindern etwas bei.

Also – erst mal - Kapitel I - BEIBRINGEN

G8! G8! Qualifikationsphase

Diese Begriffe lösen unterschiedliche Gedanken und Gefühle aus.

Die einen sagen: „Es gibt keine Freiheit mehr", „Ein Fach nach dem anderen", „Nachmittagsunterricht", „Notendruck", „Abiprüfung – 2 Jahre lang"

Die anderen haben Phantomschmerzen: „Ohne die Leistungskurse gibt's kein echtes Niveau mehr in der Oberstufe", „Wo bleibt das universitäre Arbeiten?", „Die jungen Leute sind nicht mehr wirklich studierfähig" Usw.

Meine persönlichen Gedanken zum G8: JA, stimmt auch, UND zum Beispiel die Seminare und vor allem das P-Seminar sind eine echte Errungenschaft

Und dann fragen mich manche: „Was bringst du den Schülerinnen eigentlich bei, bei diesem „POETRY SLAM"?

Dann sage ich: NICHTS! Ich verstehe ja selbst nicht allzu viel davon.

Und dann lese ich in den Gesichtern: Der macht's sich ja leicht! Ich empfinde es jedoch im Gegenteil gar nicht so leicht - - - Das Loszulassen: - Nicht mehr der Bestimmer sein, nicht mal Primus Inter Pares – sondern NUR Teil des Teams - Zu moderieren, ohne zu führen - Der Gruppe oder den Gruppenmitgliedern ECHTE VERANTWORTUNG übergeben - Im JA zu bleiben, auch wenn mal etwas nicht klappt oder gerade gar nichts klappt - Wirklich zu VERTRAUEN

DAS musste ich als Lehrer tatsächlich erst mal lernen.

Das Ergebnis des Loslassens und des Vertrauens sehen Sie, seht ihr gleich hier auf dieser Bühne, in diesem Raum. Alles, wirklich alles, vom Konzept des Abends über dessen Organisation, Flyer, Design, Sponsoren, Wettbewerb, Technik bis hin zu den Texten – und noch vieles mehr – hat die Gruppe vollständig selbstständig organisiert, erarbeitet und wird es jetzt gleich präsentieren.

Und - das Vertrauen lohnt sich!

DER LOHN: - Ich darf mit meinem Team gemeinsam das Projekt entwickeln und es entwickelt sich immer weiter und immer anders, als ich ursprünglich gedacht hätte – und das ist - - spannend! - Ich begleite diese Entwicklung auf so vielen Ebenen. Von der Teambildung, dem literarischen und poetischen Mut der jungen Dichterinnen, bis hin zu der Fähigkeit sich und andere wirklich wahrzunehmen - und das ist - - bereichernd! - Ich entwickle Hochachtung, weil meine Schülerinnen viel bessere Texte schreiben können als ich. Bitte behaltet euch diesen weiten Blick! - Ich erlebe hier so intensiv, wie Schule auch anders sein kann, wenn der „Stoff" nicht mehr zwischen mir und den Schülerinnen steht, sondern uns etwas verbindet – ein gemeinsames Ziel - und das ist -- beglückend! - Ich kann wirklich als Mensch Menschen begegnen, statt Schülerinnen als Pädagoge. Eine tolle neue Erfahrung! - Und – hier stimmt es wirklich – das Ganze ist mehr als die Summe seiner Einzelteile. Großartig!

Kapitel II - Einbringen Also bringe ich in Wirklichkeit niemandem etwas BEI, sondern versuche mich stattdessen wirklich EIN – zubringen – zum Beispiel mit diesem Text – wie die anderen auf dieser Bühne auch: - Mit der selben Angst vor dem leeren weißen Papier - JETZT - Mit dem selben Lampenfieber hier auf der Bühne vor ihnen, vor euch - Mit den selben Gedanken: o Wie viel will ich von mir zeigen? o Wie viel darf ich von mir zeigen? o Wie viel muss ich zeigen?

UND ich bin so froh, dass wir hier heute keinen SLAM veranstalten sondern im Gegenteil einen JAM.

Schließlich ist Schule gefühlt ja immer irgendwie ein SLAM:

- Wer hat die meisten Punkte, wer hat die beste Note - Wer hat am meisten zu korrigieren, die meiste Arbeit - Wer hat die besten Lehrer - Wer die schlimmsten Schüler, die netteste Klasse - Wer hat die meisten Probleme - Wer die meisten Probleme

Und jetzt – meine Einladung an das werte Publikum:

Einfach die Texte genießen

Gut, lustig, doof, überzogen, zu persönlich, zu unpersönlich, super oder super-mies performed, überzeugend, langweilig, spannend, inspiriert, inspirierend, verwirrt oder verwirrend oder was auch immer...

Deshalb von mir einfach nur - Kapitel III - DANKE

Das ist die Quintessenz, nicht nur dieses Textes – DANKE!

An das Seminar, das Publikum, unsere Schule, an alle, die irgendwie mitgeholfen haben, dass der Abend gelingt und auch dass ich die Idee hatte.

D A N K E !

Und jetzt, in Abwandlung eines bekannten deutschen Filmtitels: Fuck You, Goethe - - - Jetzt kommen die jungen, wilden Dichterinnen Los - auf die Bühne!

- *Ludwig Stier*

12 Jahre ist es her und bald ist alles vorbei.

Im folgenden Text sind Zitate von Lehrern enthalten, die manchmal nicht unbedingt der Norm entsprechen. Hierbei möchte ich darauf aufmerksam machen, dass Lehrer auch nur Menschen sind, auch wenn viele von Ihnen mir das nicht glauben werden.

1 – Juli: Perfekte Welle

An meinem ersten Schultag erinnere ich mich kaum. Ich erinnere mich aber daran, dass ich eine Fisch-Schultüte und einen Fisch-Scout-Rucksack vom Flohmarkt hatte. Ja, ich sagte Fisch. Meine Freundinnen hatten alle super coole Pferde-Schultaschen, die rosa waren und glitzerten. Und ich? Eine Fisch-Schultasche. Nun gut, immerhin saß ich direkt neben einem Jungen in der Schule, meinem damaligem Kindergartenfreund Philipp. Damals lief das nämlich so ab. Ich hatte ein cooles Armband. Er wollte es. Ich sagte, es kriegt nur der, der mich liebt. Er – liebte mich.

2 – Söhne Mannheims: Dieser Weg

Nun gut, die Schule schritt voran und ich war ein kleiner Streber, sodass ich einer der ersten war, die mit die Schulhefte austeilen durfte, weil sie die Namen auf den Heften lesen konnte. Mannoman war ich cool. Zudem gab es damals auch diese coolen Gehdiktate: sitzt am Platzt. Gehst zur Tafel. Da ist ein Zettel. Mit einem Text. Du merkst dir 2 Sätze und dann schreibst du sie natürlich OHNE Fehler auf. Kein Ding für eine 7 Jährige. Danke Schulsystem.

3 – Silbermond: Das Beste

An die 3. Klasse habe ich irgendwie wenig Erinnerung. Wir wurden natürlich immer älter, also fast die ältesten auf dem Pausenhof. und wir hatten tolle Klatschspiele. kennt ihr bestimmt alle… „ Charlie kommt, wir essen eine Leiche…". Lassen Sie das heute mal einen Erwachsenen sagen. „Komm Schatz, lass uns Leichen essen" Der bekommt bestimmt einen guten Psychiater.

4 – Culcha Candela: Hamma

Wir waren endlich die Bosse auf dem Pausenhof. Es gab Noten und Fächer wie Deutsch, Mathe und HSU – Heimat und Sachkunde Unterricht, in welchem wir z.B. Blätter sammelten und trockneten. Unser Tag ging trotzdem spätestens bis 1 Uhr, und das war schon der Höchstsatz. Gerechnet wurde ausschließlich mit Zahlen unter 100 und das auch meistens nur + und - . Eher selten wurde geteilt oder

malgenommen. Nach der Schule spielten wir entweder draußen im Matsch, oder „Liebe machen" mit Barbie Puppen. Ja ich sagte Liebe machen, und nein, es ist nicht das was ihr denkt. In der 4. Klasse hatte der Begriff Liebe machen noch einen andere Bedeutung für mich.

5 –// Amy McDonald: This is the life

Jaaaaaaa, es wurde Ernst. Und nein, das begriff ich anfangs nicht. Erst einmal wollte ich gar nicht auf diese Schule, jedoch waren FKG, DHG und das Gymnasium Veitshöcheim (wo ich eigentlich immer hinwollte), solche Betonblöcke, dass ich mich dann für diese Schule entschied. Schließlich sah sie aus wie Hogwarts. Bock drauf hatte ich dann schon in der 5., bis die erste Ex kam. In Englisch. In welcher ich eine 5 hatte. Motivation war dann erst mal unten. Aber unsere Lehrerin munterte uns immer gerne mit ihren Ponygeschichten auf. Denn manche Ponys laufen eben gerade, und kommen direkt zum Ziel. Und manche eben nicht. (Sie wollte damals bestimmt nur nicht zugeben, dass die Ponys völlig besoffen waren). Spaß und Spiele gab es neben der Schule auch in der Schule, wobei wir Cha-Cha-Cha lernten und Yoga machten (im Unterricht). Außerhalb hatten wir Hobbys, denn wir hatten kein Handy.

6 – Lady Gaga: Pokerface

Ich bekam damals ein Handy, wie alle Handys damals war es ein Nokia, Tasten und unzerstörbar. Und ich lernte Bluetooth kennen, und mir wurde das erste Lied auf mein Handy geschickt. Pokerface. Lady Gaga. Kennen sie alle. Ich hörte es oft. Sehr oft. Und ich kassierte mir einen fetten Anschiss von meinem Dad, weil ich Bluetooth benutzt hatte ohne ihn zu fragen. Dazu muss man sagen, dass mein Dad ein absoluter Computerfreak war, sich alle möglichen Zeitschriften kaufte und am Ende jedoch noch nie etwas von Bluetooth auf dem Handy gehört hatte. Es hätte ja kosten können. Ich weinte sehr.

7 –Bruno Mars: Just the way you are

Ich wurde älter, ich wurde cooler, ich kam in die Pubertät. Zitat meine Mutter „Hannah ist ätzend und macht mich traurig." JA, das hat sie wirklich 2010 aufgeschrieben. Und Ja, ich bin auch sehr enttäuscht. Kleiner Scherz. Aber „Just the way you are" war das Motto dieses Jahres, und das begriff ich auch, als ich mal wieder feststellte, dass ich der absolut Noop, was Technik angeht. Aber, genauso bin ich. Ich hatte ein neues Handy bekommen, es war jetzt ein Klapp-Handy, Motorola

und mein Bruder hatte es mir zugeschickt. Ich hatte es brav ans Ladekabel gehängt und jetzt musste ich das Ding nur noch zum Laufen bringen. Da stand dann aber, dass keine Simkarte vorhanden sei. Also ich, Nokia auf, Sim Karte raus, Nokia zu, Motorola auf, Sim-Karte rein, passt nicht. Passt einfach nicht. Ich – nach 10 versuchen völlig verzweifelt – ruf natürlich meine beste Freundin an, die, nachdem sie mir 10 Mal am Telefon erklärt hatte, dass eine Simkarte in alle Handys passt, zum Glück vorbei kam. Und. Mich. Zieeeeemlich. Auslachte… Wissen Sie, was eine Simkarte ist? Das kleine Ding, das meist unter dem Akku liegt. Der Akku – den hatte ich versucht in das Motorola zu kriegen.

8 – Taio Cruz: Hangover

Wir wurden richtig alt, erwachsen und reif. So reif, dass wir mit 14 auf SchoolsOut gingen. Für alle die das nicht kennen, das war ein Angebot vom Airport für unter 16 Jährige. Das heißt wir, die über 14 waren und unter 16 hatten die Möglichkeit, meistens am letzten Tag vor den Ferien, von 6 – 10 Uhr abends ins Airport zu gehen. Super-cool. Damals zumindest. Und auch damals sagten uns Freunde, dass es uncool sei. Heute haben wir dazu gelernt. Denn es existieren leider noch zu viele Bilder von dieser Zeit. Viele davon sind zum Beispiel auf den Facebookprofilen meiner Freundinnen, die sie nicht löschen. NE? Da sieht man mich, mit fettem Grinsen, und pickeligem Gesicht voller Stolz mit sooooo hohen Stiefeln und soooooooooo kurzen Röcken.

9 – Asaf Avidan: One day

2012 waren wir Young Wild and Free, das Jahr in dem wir versuchten uns selbst zu finden. Ausprobierten und tolle Zitate mancher Lehrer entstanden „Hör lieber auf zu lachen und hilf mir lieber die Blätter aufzuheben, du Sozial-Arsch", ja mein liebes Publikum, eine neue Wortkreation. Auch war unsere Chemielehrerin immer sehr genau mit ihren Beschreibungen wie beispielsweise beim „Fliegengitter-Gedöns". Und unsere Deutschlehrerin erfand eine neue Kreation als sie uns fragte: „Was macht ihr mit 250 Bötli? Herr Weigel Spezial oder was?" Dazu müssen sie wissen, dass wir „Backbangers" (Spitzname unserer letzten Reihe, die am lautesten war) damals weder den Unterricht noch die Deutschblätter zum Lernen, sondern zum Bötchen falten verwendet haben. Keine Ahnung was wir uns dabei dachten, aber es hat Spaß gemacht. (Die inzwischen 800 Boote existieren übrigens immer noch).

10 - Mackelmore & Ryan Lewis: Can't Hold us

Denn nichts konnte uns aufhalten, bis auf die Schule natürlich, die uns mal wieder einen Strich durch die Rechnung zog, denn die

10. wollte ich zumindest gut abschließen, falls es mir aus irgendwelchen, unerklärlichen Gründen (Ufos oder Aliens) nicht möglich wäre, mein Abitur zu machen. Komischerweise erinnere ich mich an die 10. gerade wenig, aber vielleicht verdräng ich sie auch, denn ich war zum kleinen Streber mutiert, saß in der ersten Reihe, in welcher ich mich stets meldete und – ich mochte die Lehrer, was natürlich nicht so gut bei Klassenkameradinnen ankam. Aber trotzdem merkten wir alle, dass die 10. der große Übergang zur Oberstufe war, sehr wichtig, und trotzdem war es uns auch irgendwie scheiß egal. Denn „Carpe Diem" lernten wir in Latein, und das taten wir auch. Nur irgendwie falsch.

11 – Helene Fischer: Atmemlos

Atemlos gingen wir in die Oberstufe, 11. Klasse. Wir waren jetzt die größten an der Schule. Ich nicht wirklich. Und die ältesten, zähl ich auch nicht dazu, verdammt. Aber uns wurde langsam bewusst: Jaaaaaaa, da kommt was fettes auf uns zu. Abitur oder so. Und wir waren auch richtig motiviert - Anfang des Jahres. Nur merkten wir schnell, der Stoff zieht an. Aus unseren 5-Min-Referaten mit denen wir früher immer unsere Note aufbessern konnten, wurden jetzt „mindestens 20-Min-Referate" mit denen wir schlechter wurden. Und Wikipedia zählte nicht mehr als geltende Quelle. Wir sollten jetzt Bücher benutzen. Hallo? BÜCHER. Braucht doch keiner mehr heute. Trotzdem war unser Unterricht noch sehr amüsant. Herr Faust lehrte uns beispielsweise den Konjunktiv 2, wobei die Faustregel gilt „Je schräger, desto Konjunktiv 2" (Höhö Wortwitz). Kann man sich ja gut merken. Unsere Englischlehrerin hingegen, beschwerte sich das eine Mal über einen Schnösel vom Ministerium, der Shakespeare abschaffen wollte mit den Worten „Da hatte ich Lust ihm eine zu schmieren". Und unser Lateinlehrer klärte uns über das Lehrerdasein auf „Das ist ja schön, wenn ein Ehepaar aus 2 Lehrern besteht... dann weiß man wenigstens, warum der andere immer Selbstmord begehen will."

12– KIZ: Hurra diese Welt geht unter

Denn das werde ich dieses Jahr singen, wenn das Abitur kurz vor der Tür steht. Unsere Lehrer sind da unterschiedlicher Meinung. Die einen fragen mit einem fetten Grinsen „Na seid ihr schon angespannt? Letztes Jahr und so…. Aber ihr packt das schon. Vor allem Deutsch, das ist ja eh immer dasselbe was wir da mache, ne?" Klaaaaaaaar. Ich schreibe schon seit der 1. Klasse immer 10 Seiten bei meinen Aufsätzen und frage mich warum Goethe im Faust 1, Vers 314 Mephisto einen Ausruf tätigen lässt und keine rethorische Frage. Andere Lehrer behaupten völliger Überzeugung (zumindest mehr oder weniger), dass wir ja jetzt die Ellite der Schule sind und wieder andere - *hust* - Latein, verzweifeln völlig an uns und fragen sich, warum wir es seit der 6. Klassen immer noch nicht geschafft haben, die Pronomina zu lernen, die ja ach so wichtig sind. Ich für meinen Teil, mache mir ja gar keinen Stress, nur darüber, dass ich sitzen bleiben würde, wenn ich die Seminararbeit nicht rechtzeitig abgebe. Die ich… klaaaar schon angefangen habe. Nicht. Aber kein Ding, ich glaub fest an mich, denn schließlich bin ich jetzt in der 12. Klasse und Beamer wird für mich B-I-M-A geschrieben. Für alle die das nicht verstanden haben, Beamer ist ein englisches Wort und wird B-E-A-M-E-R buchstabiert. Aber solche Fehler passieren auch mal größten Köpfen. Herr Stier weiß wovon ich rede, denn schließlich stand an seiner Hausaufgabentafel mal „umbletern", ich denke er meinte „umblättern" mit e und nur einem t und Hund hat für ihn auch 5 Buchstaben. Nun gut, mit diesen Deutschkenntnissen wünsche ich allen Mal einen guten Start in die 12. Möge es im (oder beim) Abi besser laufen.

-   *Hannah Blume*

Was den Mensch zum Menschen macht

Vorlieben sind doch was Schönes. Etwas, was jeden einzeln ausmacht. Ich ess den Brötchendeckel lieber als den Boden. Ich putze Zähne immer vor dem Frühstück. Meine Lieblings-Haribos sind die Gelben. ich weiß gute Werbung zu schätzen, überlege mir dann für den Bruchteil einer Sekunde mir das Produkt vielleicht auch zu zu legen, nur um dann zu denken: „Da hat dich die Werbung aber wieder beeinflusst!".

Eng mit Vorlieben sind Gewohnheiten verbunden, oder auch „Ticks". Sachen, die man schon immer irgendwie macht. Wenn ich mich stark konzentriere, weil ich zum Beispiel einen winzigen Knoten lösen will, strecke ich meine Zunge raus. [Zunge raus| War schon als Kind so, ist immer noch so. Sobald ich auf einem Stuhl mehr als fünf Minuten sitze, fange ich an zu hibbeln. Mal rechts, mal links, mal gleichzeitig. War schon immer so. An dieser Stelle Danke an diverse Banknachbarn, der letzten Jahre. Irgendwie habt ihr euch immer mehr oder weniger dran gewöhnt.

Dazu kommen Schwächen. Und ich meine jetzt nicht Sachen, die man weniger gut beherrscht (hust: Latein), sondern mehr die Dinge, bei denen man schwach wird. Typisches Beispiel: Schokolade und Babies. In meinem Fall Zartbitterschokolade und Hundebabies.

Außerdem gibt es den Geschmack. Aber nicht das, was mit den Knospen auf der Zunge zu tun hat. Ich meine eher Klamottengeschmack, Filmgeschmack oder auch sehr interessant: Musikgeschmack. Bei eben diesem kann man einem Menschen fast direkt in die Seele schauen, herausfinden, wie er tickt; wobei jedes Genre ein bisschen mit Vorurteilen belegt ist.

Heavy-Metal-Fans haben lange strähnige Haare, trinken Dosenbier, sind rüpelhaft und hängen jedes Wochenende auf einem Konzert oder Festival ab. Ein Mann der immer Klassik hört, Bach, Beethoven, Mozart, was auch immer, ist vielleicht studierter Germanist, spielt manchmal Schach und liest, wenn er nicht arbeitet. Reggae-Fans nehmen sowieso alle Marihuana.

Spannend wird's für mich zu sehen, wenn jemand unterschiedlichste Musik mag. Denn die entsprechen am wenigsten diesen Klischees. Oder hätte sie gedacht, dass meine Lieblingsband AC/DC ist, ich manchmal gerne bei der Peer-Gynt-Suite abschalte, mein Lieblingslied aber eigentlich schon älter ist und nur auf der Gitarre gespielt wird? (Nur der Vollständigkeit halber: Es heißt „What's up?", ist von 4 non Blondes und ich bin mir sicher, dass die meisten es kennen ! And so I cry sometimes when I'm lying in bed...)

Wenn man nun zum Schluss betrachtet, welche Hobbies jemand hat oder wo er Samstag Abend hin geht, dann weiß man schon sehr viel von einem Menschen. Und das ist etwas besonderes. Oder wissen sie das alles von der Person hinter ihnen? [kurze Pause] Oft weiß das nicht mal der beste Freund oder die beste Freundin. Und wenn all das jemand über sie weiß, dann sollten sie sich freuen, einen so tollen Menschen zu kennen.... Außer es ist Ihr Stalker, das wär dann eher gruselig...

- *Pauline Weber*

luftschlösser Bauen

manchmal Da Würde Ich Gerne luftschlösser Bauen. welche, Die Im himmel Schweben. nicht Greifbar. für niemanden. da Gibt Es Dann träume, Die Nicht Aussichtslos Erscheinen. da Rede Ich Im plural. da Gibt Es Kein ich. da Gibt Es Ein uns. da Gehen Wir Auf Einem Langen wolkensteg Ans himmelmeer Und Strecken Unsere füße In Die Warme luft, Bis Unsere zehen Kribbeln. manchmal, Da Muss Man luftschlösser Bauen. das gegenteil Der realität. ein spiel, Dessen regeln Ich Nicht Kenne. da Redet Man Von karma. das Dient Als hoffnung. aber Das leben Ist Kein spiel. wie Gut, Dass Ich Die regeln Nicht Kenne. und Manchmal, Da Würde Ich Gerne luftschlösser Bauen. da Erreiche Ich ziele. da Erreichen Mich träume. da Erreichen Wir wünsche. da Rede Ich Im plural. von Uns. in Meinem luftschloss Zählt Kein aussehen, Keine noten, Keine karriere, Kein umfeld. da Zählst Nur Du. da Bin Ich. da Zählen Nur Wir. denn Ich Rede Im plural. da Gibt Es Kein egoismus, Kein krieg, Keine gewalt, Kein terror. in Meinem luftschloss Gibt Es frieden. mein luftschloss Ist Mein zufluchtsort, Mein ausgleich Vor Der Großen welt. vor Der realität. ich Brauche Mein luftschloss. da Ist Alles Anders. du Brauchst Manchmal Vielleicht Auch Dein Eigenes luftschloss.

Ich wünschte, die Welt wäre ein Luftschloss.

- *Christina Kulau*

Vorsorglich eingesperrt

Allein. Allein in dieser Zelle, in diesem kleinen Raum. Kaum etwas zu sehen ohne Licht, ohne Luft, nur der bedrängende Geruch von Angst, Schmerz und Einsamkeit, von ratloser, unbegreiflicher Schuldigkeit, von Unwissen, Stillschweigen und leeren Blicken, rasende Gedanken, die versuchen an die richtige Stelle zu rücken.

Antworten zu finden auf die ganzen Fragen, um nicht zu versagen, zu wagen es laut zu sagen. Beweise zu finden, Klarheit zu schaffen, um es zu verstehen, dem Irrtum ein Ende zu machen.

Es laufen die Prozesse, die Entscheidung naht, Verletzung der Gesetze, verhaftet, angeklagt. Bald kommt die Meldung, die Lage sei geklärt, das Verfahren abgeschlossen, für immer eingesperrt.

Ohne Erkenntnis in dieser Dummheit gefangen, kein Glück, keine Freuden, keinen Spaß mehr zu erlangen. Das Gefühl, nie mehr frei und zuversichtlich zu sein, für den Rest des Lebens einsam und allein.

So viel Zeit mit Fragen und Hinterfragen verbracht, hat doch die Suche nach Gründen nichts gebracht. Die Tür bleibt verschlossen, keine Hoffnung, die bleibt, auf Toleranz, Frieden und Gerechtigkeit.

Im Gericht wird verschont, wer dem Land Stärke, der Regierung Geld einbringt, vergessen und abgewiesen, der um sein Leben ringt. Dem Schein nach wird man freundlich aufgenommen,

doch ohne Papiere ist man in der Bevölkerung leider zu kurz gekommen.

So wird man wohl immer dümmer und schlechter bleiben, als die einheimischen Bürger, die wir von ihren Arbeitsplätzen vertreiben. Hat man nichts getan, nichts verbrochen, trägt man doch immer den Schein, als Ausländer für das Land störend und gefährlich zu sein.

- *Magalie Machbert*

Faceless

In a forrest Surrounded by cold mist With the restless moon at its pinnacle Surrounded by brisk and burning air Where wolves don't dare to howl

In a desert Surrounded by drought With the attentive sun at its pinnacle Surrounded by blazing and mild air Where coyotes and roadrunners don't dare to quarrel.

In a dream Surrounded by illusions With the shimmering stars at their pinnacles Surrounded by bracing and embracing air Where demons dare to agree.

- *Clarissa Neder*

Zivilcourage

Just imagine. Du bist in einer beliebigen Stadt, bist dort um zu genießen, zu entspannen.. Vor dir aus dem nichts, ein Mann der zu Boden fällt, ein anderer der diesen mit seinen Fäusten dort behält.

Er tritt auf ihn ein, schlägt zu, immer öfter, immer härter. Bei jedem Schlag zieht sich alles in dir zusammen. Du schaust weg. Denkst du etwa im Voraus daran was passieren könnte?

Zivilcourage.. Eine Geste der Nächstenliebe, die leider heutzutage nicht mehr selbstverständlich ist und nicht von jedem erwartet werden kann. Während du nachdenkst verliert der Mann in unmittelbarer Nähe immer mehr an Kraft.

Du schreist innerlich: „Warum hilft denn niemand?"

Doch hilfst du? Ja du hilfst! Rennst hin, riskierst dabei dich selbst in Gefahr zu bringen, verletzt zu werden. Du schreist in der Menschenmenge um dich herum nach Hilfe. Augen die dich ansehen, jedoch so tun als würden sie es nicht. Zwei Frauen..Ja zwei Frauen und ein Mann kommen. Was ist nur aus unserer Welt genommen. Was ist mit Anteilnahme am Leid eines anderen?

Zählt das eigene Leben denn mehr als das eines anderen? .. Nein!..Wir hören ständig „Jeder ist gleich, wir haben alle das Recht auf Leben" Das Recht auf Leben..

Lasst uns einen kurzen Moment darüber nachdenken. Das Recht auf Leben, heißt das nicht auch indirekt vertrauen? Vertrauen darauf, dass deine Mitmenschen dich auch leben lassen? So wie du bist? Leben lassen.. ja! Man sagt oft du bist das, was du aus dir machst.

Tu etwas worauf du stolz sein kannst. Denk nicht nur an dich, sondern auch an andere. Sei sozial, zeig dass du Mut hast. Mut zu verändern. Steh auf und schrei, hilf, renn wenn es sein muss. Bleib bitte nicht stehen.. Unser Leben besteht aus Courage..

Wir müssen den Mut haben den nächsten Schritt in unserem Leben zu gehen, diesen zu wagen. Sei anders und hebe dich so von der Masse ab. Du hast Charakter. dann zeig diesen auch!

-   *Brenda Gonzalez Acosta*

Keine Zeit

Zeit ist, was man spricht, man schweigt und meint, man hat keine Zeit. Ich muss ja noch das und könnte noch dies, und auf jeden Fall sollte ich diesen Scheiß noch erledigen, bevor mir die Zeit mir entrinnt – wie sie es immer tut, verstreicht ohne Grund, ist weg, bevor ich es merk und dann steh ich da, ohne Werk in der Hand und warte gebannt, dass sich irgendwas tut in meinem Kopf, doch der ist leer, und ich tue mich schwer zu denken, und ranke mit mir, was zu produzieren, was ich vorlegen kann. Doch da kommt nichts, mein Kopf platzt, lenkt ab zu anderen Dingen, die noch gemacht werden sollen und aufgeschoben werden, viel zu viel bahnt sich an, ich komm nicht hinterher, bin angespannt und gereizt und frage mich nun mehr: Wo bleibt meine Zeit, meine 24 Stunden, sind weg, vorüber, und ich dacht, ich hätte sie noch, die Sekunden, wollte mich doch gerade konzentrieren, doch zeige mal wieder keine Manieren, mir selbst gegenüber, keinen Respekt, anderen erst Recht nicht – das juckt mich auch nicht, denn ich bin auf 'nem Trip, und jage hinterher, meiner Zeit, die doch immer gleicht ist, doch schneller rennt als ich – die Uhr tickt. tick tack tick tack Ich höre es, schaue mich verzweifelt um, in meinem Labyrinth, renne alle um, um zum Ausgang zu kommen, finde ihn nicht und geh' verzweifelt zu Boden. Plötzlich seh' ich das Ende, es ist nicht mehr weit, dann wache ich auf & schrei: Ich hab keine Zeit!

-   *Hannah Blume*

24

Das Artikulieren einer einseitigen Liebe

Wir exerzieren, praktizieren, nur um es mal auszuprobieren. Einfach das Verhältnis dekorieren und verzieren, um einmal die Liebesluft zu inhalieren.

Die schönen Momente multiplizieren, dazu das angenehme Gefühl addieren, sich zusammen zu isolieren, nur zu zweit in der Welt zu existieren, ein glückliches gemeinsames Leben zu imaginieren und diese Augenblicke einfach einzufrieren.

Geschickt den Verlauf der Dinge manövrieren ohne zu kontrollieren, redigieren, differenzieren.

Solange lassen wir unser Herz regieren, bis der Kopf schließlich anfängt zu intervenieren; zu argumentieren, versucht zu kommunizieren, sich bemüht uns zu diktieren, wir sollen endlich reagieren; aufhören, überall Endorphine draufzuschmieren und diese Beziehung zu liquidieren.

Die ganze Zeit sollen wir wegradieren? Nichts hat's gebracht, die Gefühle zu summieren, nur um das alles jetzt wieder zu verlieren!

Unser Kopf sagt, wir dürfen auf seine Liebe nicht insistieren, sollen seine Lügen diffamieren, seine falschen Gefühle diskreditieren.

Was bleibt uns also übrig als innerlich zu explodieren? Wenn Herz und Kopf nicht mehr gemeinsam agieren, wird es Zeit zu resignieren.

So werden wir fortan Schokolade konsumieren, unsere Gefühle allesamt eliminieren, und mit der Zeit wird auch unser Herz kapitulieren.

-   *Magalie Machbert*

Schnitte

Schnitt 1: Wer bin ich? Gefangen im Körper einer heranwachsenden Frau.

Schnitt 2: Mit 12 doch eigentlich noch viel zu klein für diese große, bunte und gnadenlose Welt. Es heißt friss oder stirb!

Schnitt 3: Ich komm nicht klar mit dir, mit mir, mit uns.

Schnitt 4: Will davonrennen. Weglaufen vor dem Erwachsenwerden, der Verantwortung und den Problemen.

Schnitt 5: Zigarette, Alkohol und Joint - viel zu lange schon der beste Freund.

Schnitt 6: Manche Menschen tun Dinge, die sie nicht tun dürfen, nehmen sich etwas, das sie sich nicht nehmen dürfen. Ich zerbreche in 1000 Teile, die ich nie wieder zusammensetzen kann.

Schnitt 7: Die Klinge wird zum Freund, der schöne Schmerz zur Sucht.

Schnitt 8: Mama, warum hast du mich im Stich gelassen? Mama, warum hast du mich in der schlimmsten Zeit allein gelassen? Alles so egal, ich vermisse Dich!

Schnitt 9: Ich habe mich verloren und finde mich nicht wieder. Wo ist das kleine süße Mädchen hin?

Schnitt 10: Ich bin ein wertloses Stück Dreck. Habe es nicht verdient zu leben.

Schnitt 11: Niemals die Kontrolle verlieren! Ich hab die Unschuld kotzen sehen.

Schnitt 12: Ich passe einfach nicht in diese Welt, finde meinen Platz nicht, wo gehöre ich hin?

Schnitt 13: Ich zerstöre nicht nur mich, sondern auch die Menschen, die ich liebe.

Schnitt 14: Um die Wunden zu verdecken reicht schon lange kein Pflaster mehr aus. Meine Verzweiflung steht in roten Linien auf meinem Arm geschrieben.

Schnitt 15: An deinem Grab zu stehen hat mir das letzte Stück Beständigkeit genommen. Habe dich doch so geliebt!

Schnitt 16: Es gibt keine Monster unter meinem Bett. Sie sind in meinem Kopf!

Schnitt 17: Fühl mich so alleine, so unendlich alleine! Auch in Gesellschaft bin ich immer nur einsam. Warum nur, warum?

Schnitt 18: Die Hölle ist mal wieder überfüllt, ich stehe wartend in der Schlange.

Schnitt 19: Meine unendliche Traurigkeit überflutet mich, ich scheine zu ertrinken.

Schnitt 20: Ich brauche Hilfe, es muss mich endlich jemand retten, bevor ich mich komplett zerstöre.

Schnitt 21: 113 Tabletten - der Erlösung so nahe!

Schnitt 22: Ich falle, falle immer weiter in die Tiefe, das schwarze Loch verschluckt mich.

Schnitt 23: Muss mich bestrafen, will etwas spüren, den seelischen Schmerz für einen Moment vergessen können. Meine Gedanken drehen durch, ich will laut schreien.

Schnitt 24: Ich vermisse dich so sehr.

Schnitt 25: Papa, alles was ich dir angetan habe tut mir so unendlich leid. Ich wollte dich niemals verletzen!

Alles ist vergänglich, nichts bleibt für immer. Schöne Momente vergehen wie im Flug, Beziehungen zerbrechen, geliebte Menschen sterben, die Sonne hört am Abend auf zu scheinen. Doch nicht nur alles Gute ist vergänglich, sondern auch die schmerzhaften Momente, die unser Leben bestimmen. Das Blut wird aufhören zu fließen, Wunden werden heilen, der Schmerz wird vergehen, doch Narben bleiben. Narben, die mich daran erinnern, dass die Vergangenheit wirklich war, dass ich gefallen bin und gekämpft habe, Narben die eine Geschichte erzählen - meine Geschichte. Narben, die mich gelehrt haben, dass es nie zu spät ist, sich selbst zu lieben und zu akzeptieren. Egal wie tief man auch fällt, es lohnt sich, wieder aufzustehen! Du, du, du und ja, auch du - ihr alle hier: habt Mut zu leben, denn jeder von euch ist wichtig und wertvoll für diese Welt!

- *Sophia Thomas*

Lebensgleichung

Ich bin überhaupt kein Zahlen Fan. Aber genau betrachtet besteht unsere Welt aus Zahlen. Du glaubst mir nicht? Dann werde ich es dir beweisen. Unsere Welt ist Mathematik, auch wenn ich kein Fan davon bin.

Es fängt schon ab unserer Geburt an: Wie groß bist du? Wie schwer bist du? Wie alt bist du?

Wenn man eine Mutter fragt, wie alt ihr Kind denn sei, bekommt man die Antwort: „Mein Kind ist 24 Monate alt!" Dein Kind ist 2. 2

Jahre alt. Aber weil 24 Monate mehr klingt als 2 Jahre, obwohl beides auf das gleiche hinausläuft, sagt man 24. Denn mehr ist immer besser.

Schon früh muss man lernen was für einen größer oder kleiner im Leben ist. Ist schlafen größer als lernen? Spaß haben kleiner als Erfolg? Oder Freundschaft größer/gleich Liebe? Heißt dann etwa die Formel für das Leben: (Glück + Freundschaft) x 2 + (Erfolg – Freizeit) x Liebex ?

Und was ist dann dieses X, welches unsere Gleichung nicht lösbar macht?

Ich glaube, das Leben besteht aus der Suche nach diesem X. Eine Person, die anstelle des X tritt, damit die Formel aufgeht.

Aber während wir dieses Problem angehen, hört die Welt der Zahlen um uns herum nicht auf. In der Schule dreht sich alles um die Zahlen 1 bis 6. Steht eine rote 1 auf deiner Schulaufgabe: bist du sehr gut. Steht eine rote 6 auf deiner Schulaufgabe: bist du ungenügend. Ich finde es schon ziemlich schlimm, eine Person als ungenügend zu bezeichnen und das ganze 12 Jahre lang, nur weil der liebe Gott für mich entschieden hat, dass meine Stärken nicht Mathe, Physik oder Chemie liegen, sondern dass Deutsch, Englisch und Geschichte größer für mich sind.

Aber da darauf in der Schule keine Rücksicht genommen werden kann, versucht man sein Bestes zu geben um eine 1 und keine 6 zu bekommen, um nicht den Stempel ‚ungenügend' auf der Stirn tragen zu müssen. Und das 12 Jahre lang. Obwohl doch mehr eigentlich besser ist, oder? Ihr merkt schon: Ich bin überhaupt kein Zahlen-Fan.

Und vom Matheunterricht möchte ich gar nicht erst anfangen. Ein deutscher Rapper hat mal in einem seiner Lieder die rhetorische Frage aufgeworfen: „Wie fahre ich nur ohne binomische Formeln meinen modischen Porsche?" Und dieses Motto verfolge ist stetig. Denn ich denke ich lehne mich nicht zu weit aus dem Fenster, wenn ich die These aufstelle, dass wir in ferner Zukunft nicht in den Supermarkt gehen werden um dann das Preisschild der Milch zu lesen: „Angebot! Frische Milch! Zuschlagen! Nur: $f(x) = x (\ln(2x)+1/2)$ Erstellen Sie eine vollständige Kurvendiskussion und vergessen Sie bloß nicht die 1.Ableitung für das Monotonieverhalten. Zeichnen sie den Graphen f. An der Stelle an der der Graph die y-Achse schneidet, finden Sie den Preis der Milch.

Ich hoffe ehrlich gesagt nicht, dass das passieren wird.

Sowieso braucht man im Leben nur vier mathematische Rechenverfahren: Addieren. Subtrahieren. Multiplizieren und Dividieren. Vielleicht ist die Formel fürs Leben also doch einfacher als gedacht.

Wenn man zu seinem Leben ein bisschen Glück dazu addiert und wenn das Schicksal es so will mit 2 multipliziert, dazu ein wenig Stress und Personen, die uns unglücklich machen subtrahiert, und die Zeit und Momente mit en richtigen Menschen dividiert, dann ist das Leben doch auch nur eine simple mathematische Gleichung, die jeder 6.Klässler lösen könnte. Und trotzdem tun wir uns so schwer ein glückliches Leben zu führen.

Ein Jahr ist 12 Monate lang, umgerechnet 52 Wochen voller Tatendrang, an 365 Tagen mit neuen Chancen anzufangen.

Wertvolle Chancen zu nutzen, ein Leben leben voller ungewöhnlicher Abenteuer zu benutzen, und unsere Träume zu schützen. Doch wir tun das alles nicht. Und das macht uns unglücklich. Also ist das Ziel ein gutes Leben zu leben vielleicht die Asymptote in unserer Gleichung? Die Linie, an die wir zwar ganz nah herankommen, sie aber nie vollständig schneiden werden? Und ist Liebe hoch X dann der Hochpunkt in unserem Leben und Menschen, die uns nicht gut tun die Nullstellen, die einen Tiefpunkt ankündigen?

Ich kann euch eins sagen: Ich weiß es nicht, denn ich bin nicht Aber was ich weiß ist, dass die Gleichung irgendwann aufgehen wird.

Denn ich denke, ich habe die Unendlichkeit in unserer Lebensgleichung vergessen, denn ich bin mir sicher, dass es eine gibt. Ihr glaubt mir nicht, wenn ich behaupte, dass zwischen mir und euch eine Unendlichkeit existiert, obwohl ihr nur einen Meter von mit entfernt sitzt? Aber zwischen 0 und 1 existiert eine unendliche Reihenfolge von Zahlen. 0,1; 0,001; 0,012 … Und wenn wir den Abstand von 0 und 2 berechnen, wird die Unendlichkeit noch größer. Also lässt sich als Ergebnis feststellen, dass es große und kleine Unendlichkeiten gibt, und doch ist jede einzelne von ihnen eine eigene Unendlichkeit. Und jeder von uns lebt in einer. Und das Besondere ist, dass Unendlichkeiten größer werden, wenn wir einer besonderen Person, also dem X in unserer Gleichung, ein Stück dieser Unendlichkeit schenken.

Das Leben ist keine Gleichung mit Lösungsansätzen, das irgendwann aufgeht. 3 + 3 = 6 Aber genauso ergibt

4 + 2 oder 5 + 1 = 6. Das Leben läuft nicht nur in einer Richtung und ist nicht so, wie es auf den 1. Blick erscheint. Es gibt eben keine Lösung für das perfekte Leben. Die Welt ist Mathematik, auch wenn ich immer noch kein Fan davon bin. Aber selbst wenn ich ungenügend in Mathe bin, werde ich irgendwann die Lösung für meine persönliche Lebensgleichung finden und ein glückliches Leben führen. Und ihr auch. Da bin ich mir sicher.

Spiegel

Ich sehe mich im Spiegel. Erkenne mich nicht wieder. Bin alt geworden. Und doch so jung, dass jeder glaubt ich wäre älter. Was spielt das schon für eine Rolle. Gestern ist vorbei, heute bekomm ich nicht mit. Und morgen ist viel zu weit weg. Ich sehe in den Spiegel und mein Leben zieht vorüber. An mir vorbei. Ich komme nicht vorwärts und ich bleibe nicht stehen. Darf mich nicht bewegen und muss gehen, reflektieren, um im Jetzt anzukommen fällt mir schwer. Sich zu katapultieren und nicht stecken zu bleiben braucht Energie. Doch woher diese nehmen. Die dir täglich entzogen. Alles kostet Kraft und Kraft kostet auch. Endlos ist sie nicht. Aber es wird so getan. Tu dies, tu das, tu jenes. Und vergessen darfst du nicht. Nein ich sehe in den Spiegel. Und mein Leben zieht vorüber. Doch nicht an mir vorbei, ich steige wieder rein. Raff mich auf aus meinem Traum. Hab mir nur meine Zeit genommen. Um kurz inne zu halten und zu sehen wie mein Leben immer weiter voranschreitet.

-    *Christina Kulau*

Titanic

Regret. My heart is filled with regret. With could have, would have, and should have. The ship has sailed and I'm not on it.

Agony. I am drowning in agony. Haunted by a crushing demon. A constant reminder. The ship has sailed and I'm not on it.

Anxiety. The waves are crashing against the shore. An instinct advising me to flee. But how can one run, when drowning? The ship has sailed, for God's sake.

Frustration. The waves look tempting. The sea is calling. The ship has sailed. Nowhere to go. A famous question comes to mind.

-    *Clarissa Neder*

FAKEBOOK

Eigentlich haben wir doch alles, oder? Essen, Trinken, ein Dach überm Kopf Aber irgendwie sind wir ja doch alle unzufrieden... Warum? Glück lässt sich doch in eine ziemlich simple Formel packen: Glück = Realität – Erwartungen Das heißt: Wenn es besser läuft als erwartet, sind wir glücklich Wenn es aber schlechter kommt als erwartet, sind wir unglücklich.

Da unsere Erwartungen an uns und das Leben aber dummerweise häufig viel zu hoch sind, können sie ja gar nicht oder nur schwer erfüllt werden. Logische Schlussfolgerung: Unzufriedenheit. Diese wird noch verstärkt durch: Facebook, Instagram, Twitter & Co. Denn Soziale Netzwerke sind wie ein Gefängnis: Man sitzt rum, verschwendet seine Zeit, schreibt an Wände und wird von Leuten angestupst, die man nicht kennt. In dieses Gefängnis sperren sich die Leute allerdings freiwillig und sie kriegen das nicht mal mit... denn dazu müssten sie ja vom Bildschirm aufblicken.

Während man also in diesem Gefängnis sitzt wird einem eine Welt präsentiert in der jeder das Leben seiner Freunde oder eben Nicht-Freunde mitverfolgen kann. Jene Freunde oder eben nicht präsentieren natürlich eine viel zu ausgeschmückte, bearbeitete, scheinbar fehlerlose Version ihrer Selbst.

Ich sage „scheinbar" fehlerlos, weil Fehler menschlich sind. Leider haben die meisten von uns das schon lange vergessen, denn in dieser Schein-Welt ist kein Platz für Fehler. Wenn man also danach strebt genauso „perfekt" zu werden, scheitert man, fühlt sich ungenügend und wird frustriert und unzufrieden. Wo wir wieder beim Thema wären...

Alles scheint bei den anderen besser zu sein Sie haben keine Fehler, sehen makellos aus und alles in ihrem Leben scheint gut zu laufen. Viele verstehen einfach nicht, dass das Ganze nicht echt ist.

– Denn die langen Freundeslisten der anderen, die sie bekannt und beliebt erscheinen lassen bestehen oft größtenteils aus Leuten die sie nicht mal kennen.

– Die Pseudo-Intelligenten Sprüche und Zitate, die gepostet werden, kann man googlen und falls man diese nicht versteht – auch nicht so schlimm – die Leute die sie posten verstehen sie ja selbst meistens nicht...soll ja nur schlau wirken.

– Mit 10000 Filtern über'm Foto würde selbst Quasimodo ausschauen wie ein Supermodel und Spaghetti bleiben stinknormale Spaghetti – auch wenn man Bilder davon hochlädt und aufgeregt die Likes zählt.

– Achja und man kann über Facebook auch keine Tiere retten, egal wie viele Links man teilt und Kinder in Afrika werden selbst von 4.Mio Likes nicht satt.

Für mich sind all diese Möchtegern-perfekten Leute nichts anderes als...Opfer. Sich selbst hinter einem ausgeschmückten Facebook-Profil zu verstecken und sich komplett anders darzustellen als man ist, ist nichts anderes als schwach.

Denn hinter den Facebook-Profilen der Anderen verbergen sich auch nur Menschen.

Menschen mit Macken. Menschen die auch mal nen Pickel kriegen oder Scheiße aussehen. Menschen die auch mal mies gelaunt sind oder nen schlechten Tag haben. Menschen wie du und ich.

Denn es gibt kein richtiges Leben im Falschen. Und Facebook reimt sich nicht umsonst auf Fakebook.

Falls euch mein Text gefallen hat gebt mir einen Daumen nach oben – das macht man ja heutzutage so.

-   *Ingrid Snajder*

Von Grenzen und Zäunen

Grenzen erschafft die Natur, die menschliche Hand oder einfach nur der Verstand. Im Laufe der menschlichen Geschichte wurden Grenzen errichtet, verlängert, verkürzt oder wieder vernichtet. Im Krieg wurden sie überschritten und eingenommen, in Friedensverträgen garantiert und zurückgewonnen.

Doch es gibt nicht nur politische Grenzen, die von Ländern und Atlanten vorgeschrieben sind, wir selbst stoßen auch an unsere persönlichen Grenzen. Ein Mensch kann nicht unendlich viel ertragen, egal ob wir physisch irgendwann versagen, oder ob unsere Psyche mit zu vielen Problemen und Stress einfach nicht mehr mit sich arbeiten lässt.

Und trotzdem können wir selbst entscheiden, ob wir weitergehen oder stehenbleiben. Denn wir setzen uns Zeitlimits in dieser hektischen Welt, können „Stopp" sagen und „Nein", wie es uns gefällt. – Naja nicht wirklich, denn Grenzen setzen nicht nur wir uns selbst. Im Grunde lebt doch jeder in seinem eigenen Gehege, mit einem Zaun ringsherum.

Ein Zaun ist eine Beschränkung. Ein Zaun sind Autoritätspersonen wie Lehrer, Arbeitgeber, Vorgesetzte und Eltern. Ein Zaun ist das Gesetz, die Tradition, auch soziale und moralische Ansprüche, Religion. Ein Zaun ist Geld und Abhängigkeit, sowie die eigene Unmündigkeit. Ein Zaun ist die Herkunft, die Gesellschaftsschicht, der Bildungsstand, die Ausbildung, der Intelligenzquotient, Erziehung oder Behinderung. Ein Zaun ist vielleicht eine Clique und für ein Mädchen die Mode, ein Zaun ist auch die Liebe und das Chaos der Gefühle.

Ja, ein Gehege bildet auch unser Alltag, mit Terminen, Einschränkungen und jedem Tag demselben Start.

Jedes Gehege ist anders gebaut, jeder Zaun aus einem anderen Material und auch die Größe variiert. Und trotzdem ist jeder Zaun eine Einschränkung der eigenen Freiheit. Ein Zaun kann dich abhalten vom Vorwärtsgehen, vom Aufraffen, Motivieren, Loslassen, Hoffen und Glauben. Ein Zaun kann dich abhalten vom Rückwärtsgehen, vom Festhalten, Liegenbleiben und Zurückschauen. Ein Zaun kann dich beschränken nach rechts und links, nimmt dir das Panorama, den weiten Winkel, die Offenheit und Weitsicht.

Doch es sind dein Zaun, dein Gehege und deine Grenzen, die du errichtest, vernichtest, überschreitest und überwindest. Darum lass dir nicht die Freiheit nehmen, zu lieben, zu lachen und glücklich zu leben. Nimm dir Platz zum Tanzen, für ausgebreitete Arme und Offenheit, die dich in die große weite Welt hinaus treibt. Setze eigene Prioritäten, dein Lebensmotto bestimmst du allein, du findest deinen Lebensweg, du kannst ganz du selber sein. Du bist noch jung und kannst deine Grenzen austesten, bevor du in deinem Leben noch an so viele Grenzen stößt am besten. Manchmal sind Grenzen dazu da sie zu überschreiten, um etwas Wertvolles zu erreichen. Nur du selbst weißt, welche Grenzen für dich wichtig sind Und welches Gehege dein Leben bestimmt.

In unserer Welt ist das leider nicht immer und überall so. Versetzen wir uns einmal in andere Gehege: Wie muss sich ein Unschuldiger im Gefängnis fühlen? Ein Soldat im Schützengraben traut sich nicht mehr aufzustehen. Ein Flüchtling auf dem Weg in ein besseres Leben Ist im kleinen Boot oder Laster beengt voller Angst den Schleusern ergeben.

Ein Behinderter im Rollstuhl, ein Mensch taub, stumm oder blind – wie fühlt es sich an, wenn die Grenzen so vorbestimmt sind?

Ob wirklich alles seine Grenzen hat, wie man sagt? Was ist mit Geduld, Gerechtigkeit und Toleranz? Sagt man nicht, Liebe kennt keine Grenzen? Und was ist mit grenzenloser Freiheit? – Die gibt es

wohl nicht wirklich. Denn im Grunde lebt doch jeder in seinem Ge-
hege, mit einem Zaun ringsherum. Manche Grenzen muss man ak-
zeptieren und respektieren.

Doch es sind dein Zaun, dein Gehege und deine Grenzen, die du
errichtest, vernichtest, überschreitest und überwindest. Darum lass
dir nicht die Freiheit nehmen, zu lieben, zu lachen und glücklich zu
leben. Nimm dir Platz zum Tanzen, für ausgebreitete Arme und Of-
fenheit, die dich in die große weite Welt hinaus treibt. Setze eigene
Prioritäten, dein Lebensmotto bestimmst du allein, du findest deinen
Lebensweg, du kannst ganz du selber sein. Du bist noch jung und
kannst deine Grenzen austesten, bevor du in deinem Leben noch an
so viele Grenzen stößt am besten. Manchmal sind Grenzen dazu da
sie zu überschreiten, um etwas Wertvolles zu erreichen. Nur du
selbst weißt, welche Grenzen für dich wichtig sind Und welches Ge-
hege dein Leben bestimmt.

-   *Magalie Machbert*

Frühling

Frühlingsrolle Rollbraten Bratensaft Saftladen Ladentheke The-
kendienst Dienstag Tagtraum Traumhaus Haustür Türschloss
Schlosspark Parkplatz Platzwart Wartburg Burger King King's Suite
Sweet Home Alabama Parma Schinken Schinkenspeck Speckfalte
Und somit irgendwie wieder bei der Frühlingsrolle angekommen

-   *Pauline Weber*

Schwarzweißdenker.

Ich sehe da schwarz, das wir immer nur von „Weißen" reden, die den Schwarzen Hilfe geben. Ja Hilfe. Man glaubt es nicht. Wir sind ja nicht rassistisch. Nehmen in unserem Land auf, die schwarzen, weil wir gutherzig sind. Doch schaut doch mal genauer hin. Wir sind nicht nur schwarz-weiß - Denker. Da sind Hautfarben aller Art, und niemand ist weiß oder schwarz, jeder hat da seine eigene Art. Und doch ist uns das gar nicht klar, denn wir, die Weißen stellen uns über die Masse der Schwarzen, und das doch sehr direkt und wieder unbewusst. Oder was meint ihr, wenn ihr hier einen Schwarzen seht. Denkt ihr er hat Geld oder ein Haus oder Auto. Ich glaube nicht. Ihr denkt sofort, Wow der arme schwarze, hat bestimmt 'ne schwere Story hinter sich, ist geflohen vor irgendwas davon und ist jetzt hier, in guten Händen. Lächerlich, in ärmlichen Verhältnissen. Nein, statt mal daran zu denken, das Verhältnisweise, das Leben das er führte, gar nicht so schlecht war, es muss ja nicht ein schwarzer sein, sei es ein Türke, Araber oder ein Russe. (Na denkt ihr sofort wieder an Kanakken, Moslems und Trinker? Ja da ist der Rassismus). Und sagen will ich nur, was denkt ihr denn bitte. Nur weil jemand nicht so aussieht wie du, und hier wo du lebst, nun mal ärmlich ist, weil die Programme die es gibt , gar keine sind, sie bringen nur Geld, mal wieder für die Weißen, die zum Teil gar nicht ausgebildet sind, heißt das nicht das dieser Mensch ein böser ist. Denn wir machen ihn dazu. Vor kurzem habe ich gelesen auf interessantes.de, das ein Intensivtäter jemand ist der mindestens 10 schwere Straftaten begeht. Was dann noch dabei stand: Bei denen liegt der Anteil von Menschen mit Migrationshintergrund mit oder ohne deutschen Pass in manchen Bezirken bei 80%. Jawohl. Schöne scheiße nennt man das. Woran liegt das wohl. Wir leben im Wohlstand und genießen den Luxus, und meinen anderen keine Chance zu geben, weil sie nicht aussehen wie wir, und weil wir denken sie können nichts. Geben keine Chance und doch bekommt man dann zu hören "die Ausländer nehmen uns unsere Jobs weg oder sitzen uns nur mit Hartz 4 auf der Tasche". Ja wie geht es denn auch anders, ich mein habt ihr schon mal hier einen schwarze Polizisten gesehen? Nein. Ich zumindest nicht, denn sie kriegen keine Chance und das liegt woran? Nicht an der Farbe, Sprache ist das Ding. Sprache. Reden und Zuhören. Darin liegt der Sinn.

- *Hannah Blume*

BASTA!

Asylrecht ist ein Menschenrecht! Da gibt es nichts zu diskutieren Und auch nichts zu debattieren. Asylrecht ist ein Menschenrecht! Basta! Tag ein; Tag aus. Der Wasserpegel Steigt. Die Flüchtlingswelle Steigt. Stetig. Tag ein; Tag aus. Immer.

Wer darf bleiben und wer nicht? Damit beschäftigt sich die Politik: Asylpolitik, Flüchtlingspolitik, Sandkastenpolitik. Wer darf bleiben und wer nicht? Mit Abschreckung, Abschiebung, Abschottung, Damit ist doch alles geklärt! Da gibt es nichts zu diskutieren, Auch nicht zu debattieren, oder definieren. Am besten des Schengener Abkommen außer Kraft setzen, Natürlich: Nur für kurze Zeit! Versteht sich ja. Es ist schließlich nicht genug Sand für alle Kinder da.

Doch Asylrecht ist ein Menschenrecht! Da gibt es nichts zu diskutieren. Auch nichts zu debattieren. Asylrecht ist ein Menschenrecht. Basta! Und Tag ein; Tag aus. Der Wasserpegel steigt. Der Flüchtlingspegel steigt. Stetig. Tag ein; Tag aus.

Immer.

Wie kann es sein, dass ein vereintes Euroopa, Ein Friedensnobelpreisträger, Sich auf der einen Seite mit Stacheldraht zudeckt, Während auf der anderen Seite Plakate mit "Refugees Welcome" aufgehängt werden? X-Mitgliedstaaten plädieren für schärfere Asylgesetze, Als ob dies einen Zustrom verhindere.

Und Tag ein; Tag aus. Der Wasserpegel Steigt. Die Flüchtlingswelle Steigt. Stetig. Immer. Tag ein; Tag aus.

Was ist mit der Integration? Bei solch einer Migration? Mit Abschreckung, Abschiebung, Aufschiebung, Abschottung, Damit ist doch alles geklärt! Ignoranz ist schließlich der einfachste Tanz, Doch wo bleibt die Menschlichkeit? Das Gewissen? Die Gerechtigkeit? Das ist mal gelungene Integration!

Was ist mit den Flüchtlingskindern? Was ist mit den Kindern? Die schon viel zu viel für ihr Alter gesehen haben! In Flüchtlingsheimen, Notunterkünften, Zelten, Die bei Wind und Wetter natürlich immer Stand halten. Und Tag ein; Tag aus. Der Wasserpegel Steigt. Die Flüchtlingswelle Steigt. Stetig. Immer. Tag ein; Tag aus. Mit Abschiebung, Abschottung, Aufschiebung,

Damit ist doch alles geklärt! Da gibt es nichts zu diskutieren, Auch nichts zu debattieren. Basta! Ignoranz ist schließlich der einfachste Tanz. Doch wo bleibt die Menschlichkeit? Das Gewissen? Die Gerechtigkeit? Asylrecht ist ein Menschenrecht!

Abschiebung, Abschottung, Aufschiebung. Wir appellieren, distanzieren, fordern, beurteilen, verurteilen Politiker, Medien, Nachbarn, Jeden. Wir sind doch alle nur Menschen! Wir sind doch alle auf der Flucht... Warum haben so viele Menschen angst vor Menschen, Die vor Angst ihr zu Hause verlassen haben? Sie könnten einem ja; ohne die Sprache zu beherrschen den Arbeitsplatz wegnehmen! Oder noch schlimmer: Sie bringen ihre Kultur mit!

Denn in Geschichte lernt man ja, Dass die Römer Rom nie verlassen haben, Die antiken Griechen, die machten nie eine Odyssee. Nein! Multikulturalismus; nein! Sowas gab es früher nicht! Also: Abschrecken, Abschieben, Aufschieben, Abschotten! Aber wir sind doch alle nur Menschen! Und Tag ein; Tag aus. Der Wasserpegel Steigt. Die Flüchtlingswelle Steigt. Stetig. Tag ein; Tag aus. Immer.

Warum haben so viele Menschen angst vor Menschen, Die vor Angst ihr zu Hause verlassen haben? Ignoranz ist schließlich der einfachste Tanz.

Doch wo bleibt die Menschlichkeit? Das Gewissen? Die Gerechtigkeit? Asylrecht ist ein Menschenrecht! Basta!

-   *Clarissa Neder*

Das Klischee meiner Generation

Meine Generation – das ist die Generation Y – die „Millennials" sagt man auch. Wir sind bekannt für unseren Wunsch der Selbstverwirklichung, der Freiräume und der großen Träume. Wir arbeiten lieber in Teams als Hierarchien und haben lieber Spaß an der Arbeit als viel zu verdien'. Die Balance zwischen Beruf und Freizeit, zwischen Familie und Karriere die Vereinbarkeit, Flexibilität und Sicherheit.

Generation Y – Why? Warum – suchend und fragend halten wir uns alle Optionen offen, sind mit Grenzenlosigkeit in die „Multioptionsgesellschaft" eingetroffen. Wir streben nicht nach einem geradlinigen Lebenslauf, sind unabhängig und frei, und dabei sind wir Meister der Improvisation, verändern unabsichtlich die Tradition, sind „heimliche Revolutionäre" in der heutigen Gesellschaft, leben nach unseren Vorstellungen, was den Wertewandel ausmacht.

Wir legen Wert auf Bildung, sind Stress ausgesetzt, doch bestimmen dafür unser ganzes Leben selbst. Wir entwickeln ein neues Familienmodell, brechen Tabus, sind unkonventionell. Ob Frau und Mann, Frau – Frau oder Mann – Mann, sind wir uns einig, dass man alles eine Ehe nennen kann. Auch für die Gleichberechtigung im Familienhaushalt sind wir bereit, so gibt es nicht nur Mütter- sondern auch Väterzeit.

Für uns ist jeder gleich, jede Herkunft, jede Religion, ob hetero, ob homo, vollkommen gleich welcher Hautfarbton. Wir sind aufgewachsen mit dem Wort „Toleranz" im Wortschatz, und sind der Meinung jeder Mensch hat auf der Welt seinen Platz.

Doch der größte Teil der Weltbevölkerung kennt uns wohl als „Online-Generation". Ja, wir sind die Vertreter einer technologieaffinen Lebensweise, so überkommt uns still, heimlich und leise die Macht der Medien und sozialen Netzwerke, bei uns liegt im Surfen, Googlen, Bloggen, Posten und Chatten die Stärke. Es kann Smartphone, IPod oder Laptop, IPad oder Tablet sein, das Klischee meiner Generation ist niemals offline.

Soziale Netzwerke sind nämlich wichtig für die Persönlichkeitsentwicklung, durch unsere Überlegenheit in den neuen Medien lernt hier einmal Alt von Jung. Das Klischee meiner Generation lässt sich vollkommen von den Medien leiten, von Bloggern, Videoclips, Wikipedia und... anderen Webseiten.

Wir kommunizieren nicht mehr persönlich, sondern über's Internet, ob Facebook, Twitter, Instagram, WhatsApp oder Snapchat. Emotionen drücken wir mit Smileys aus, so springen aus so 'nem Telefon heutzutage wahrhaftig Gefühle 'raus. Selfies und Videos helfen bei der Gestaltung, mit Sprachaufnahmen wird es schon zur richtigen Unterhaltung.

Das Klischee meiner Generation interessiert sich nicht mehr für Kultur, fährt nicht an Orte ohne WLAN-Zufuhr, ist sich zu fein für Dreck und Abenteuer, chillt lieber mit dem Handy vorm Fernseher als am Lagerfeuer.

Alles Coole kommentieren wir nur mit „YOLO" und „Swag", saufen uns dabei unbekümmert die Birne weg, haben keine Moral, keinen Anstand mehr, was belastet dieses dumme Klischee meine Generation so sehr?

Das Klischee meiner Generation ist wohl teils positiv, teils negativ.

Wir treiben voran, wir entwickeln und erforschen, und trotzdem beschäftigen wir uns für euch zu viel mit unseren neuen Technologien. Wir lernen geschickt mit der neusten Technik umzugehen, doch ist es „schlimm" für euch, wenn ein kleines Kind mit einem Smartphone umgehen kann. Ihr seid froh über jede aktuelle Information aus der Welt, doch seid ihr schnell mit dem großen Nachrichtenfluss überfordert. Ihr findet es gut, wenn über Facebook Spendenaufrufe gestartet werden, regt euch aber über andere Posts und Kommentare auf. Durch die modernen Kommunikationsmittel ist es uns gelungen, in der Welt vernetzt zu sein, mit Menschen, die wir anders nicht erreichen können, aber auch mit Menschen, die uns schaden können. Wir sind offen für Neues und gehen krumme

Wege, was ist falsch daran? Aber wer sagt, dass in meiner Generation keine Romantiker mehr stecken, und dass man sich nicht mehr persönlich Gefühle zeigt? Seit wann gibt es in meiner Generation keine Menschen mehr, die gerne reisen, wandern, Kultur und Abenteuer erleben?

Fortschritt, unkonventionelle, liberale Einstellungen, Wertewandel, Toleranz und technologische Innovationen - Ja, das ist und bleibt die Generation Y.

Ich bin ein Kind dieser Generation und bediene so manches Klischee. Doch muss ich erklären, dass ich irgendwo zwischen all diesen Klischees meine ganz eigenen Wege geh´. Ich gehe gerne vorwärts und schau trotzdem mal zurück, lege viel Wert auf Planung, aber auch ein bisschen Glück. Ich will mich selbst verwirklichen und nach meinen Vorstellungen gehen, und dennoch werde ich dabei auf dem Gerüst meiner Vorbilder der letzten Generationen stehen. Ich bin nicht immer flexibel, sorge gerne vor − „it could always be the case" Aber mal ehrlich Alter, chill mal deine Base!

-   *Magalie Machbert*

Ich denke daran, was wäre, wenn du ich wärst...

Wenn du erleben würdest was ich erlebe, mitmachst was ich mitmache. Würdest du dann gerne ich sein?

Die Frage ist, bist du nicht perfekt so wie du bist? Mit perfekt meine ich nicht makellos, nein. Perfekt in dem Sinne, dass du so bist wie du bist. Angenommen werden, sich angenommen fühlen, ja, das wollen wir alle.

Vielleicht ist es manchmal nicht schlecht aufzufallen aber so gut wie du denkst dass es ist, ist es eben nicht.

Es ist nicht einfach in unserer Gesellschaft. Was wir wollen ist Glück, Liebe, Erfolg, Akzeptanz doch manchmal bilden wir uns ein wir wären nicht gut genug oder besser gesagt gut genug für was? Du gibst dein bestes, ich gebe mein bestes, wir beide geben unser bestes. Aber sind wir am Ende zufrieden? Nein im Gegenteil. Wenn du ich wärst würdest du unter dem Druck den ich mir selbst mache vielleicht zerbrechen.

Ich weiß es zwar nicht aber ich bin mir sicher dass du das auch nicht herausfinden wollen würdest.

Wir verlernen die kleinen Dinge im Leben zu schätzen und vor allem auch uns zu schätzen für das was wir sind. Für das was du bist und für das was ich bin. Wer kann schon urteilen wer oder was besser ist als wir? Wir sind beide besonders auf unsere eigene Art und Weise.

DU bist besonders und wenn du ich wärst würdest du merken dass wir gar nicht mal so verschieden sind sondern dass uns eher viel mehr miteinander verbindet.

Wenn du denkst du wirst nicht wahrgenommen dann täuscht du dich, denn ich habe dich gesehen als du dachtest du bist unsichtbar. Ich habe Freude, Freundschaft, Ehrgeiz und Vertrauen in deinen Augen gesehen. Aber jetzt frage ich mich.. WO ist der Glanz hin? Wenn ich in deine Augen schaue bekomme ich Angst, Angst davor dass du zu spät merkst wie besonders du bist.

Und jetzt sag mir wenn du mich jetzt hörst würdest du noch gerne ich sein? Wenn ja, heißt es dann nicht dass ich gar nicht so schlecht bin wie ich dachte und dass du wiederum nicht so schlecht bist wie DU dachtest sondern vielleicht dass wir auch gut sind? Du siehst du bist nicht alleine mit deinen Sorgen und wenn du ich wärst würde ich mir wünschen, dass du mit meinen Augen sehen könntest, wie ich dich sehe.

Stark ist nicht der, der schreit, wie stark er ist, stark ist der, der trotz Tränen in den Augen noch versucht seinen Freunden zu helfen auch wenn er selbst genug Probleme hat. Stark ist der, der sich eingesteht, dass er es selbst nicht mehr schafft aus diesem Loch rauszukommen.

Das Leben besteht aus Nehmen und Geben und Probleme kann man nicht nach schlecht und schlechter einstufen.

Dafür sind Freunde da, um zu helfen, zu unterstützen und Halt zu geben, wenn du dich selbst schon längst aufgegeben hast.

Wenn du ich wärst, würdest du merken, dass uns nicht viel unterscheidet, sondern eher viel mehr miteinander verbindet.

Und vergiss nie, wenn du nicht du wärst und ich nicht ich, dann hätte es niemals ein wir gegeben!

-   *Brenda Gonzalez Acosta*

This is not a Poem

So just give me some rum.

And this, this is not a poem.

I am a [fucking] hypocrite. A [fucking] hypocrite, I am.

All I invested in it, It went straight to hell.

All I've invested in, It go to the best of me.

With useless words of wisdom, words of despair, I fear With words I can no longer bear.

I once had a dream, A dream of a flawless well.

I've lived in a dream, A dream in reality.

So shoot me now, As I am, I swear A [fucking] hypocrite With overwhelming ignorance.

And this is not a poem Nor is it anything at all It is my mind being an ocean And me fighting before I fall.

Let me show some emotion I am actually quite scared Of what is yet to come So just give me some rum.

And this is not a poem.

-   *Clarissa Neder*

Willst du? !

Herz meldet sich zuerst und sagt: Ja! Kopf sagt: Nein! Herz sagt: Warum? Kopf sagt: Darum. Ich sage: Nein. Hast du? Herz sagt: Ja! Kopf sagt: Nein! Herz fragt: Warum? Kopf sagt: Darum. Ich sage: Nein. Was sagst du dazu? Herz sagt: Ich … Kopf sagt: Stopp! Herz sagt: Aber meine Meinung… Kopf sagt: …zählt nicht. Ich sage: Bin derselben Ansicht. Kannst du? Herz sagt: Nein. Kopf sagt: Ja. Herz sagt: Warum? Kopf sagt: Darum. Ich sage: Ja. Lügst du? Herz sagt: Ja! Kopf sagt: Nein! Herz sagt: Oh doch! Kopf sagt: Es ist besser so. Herz sagt: Warum? Kopf sagt: Darum. Ich sage: Nein.

Liebst du mich? Herz sagt: Ja! Kopf sagt: Nein! Herz sagt: Doch! Kopf sagt: Nein. Herz sagt: Warum? Kopf sagt: Darum. Ich sage: Nein.

- *Christina Kulau*

Straßenlaterne

Straßenlaterne – wir Kinder des Lichts, verrenn' uns im Ich, das nie weiß, wie weit, wie hoch, wie breit – ein Spalt zwischen Gegenwart und Realität, ein Unterschied, wohl wahr, denn leben wir in der Wirklichkeit? Im Hier und Jetzt. – sie schreit. Ja, die Realität und holt uns ein. Wir rennen schneller und jagen dem Nichts hinterher, dem Weiß, Ende des Tunnels, nein, es ist zu grell, dass ich nicht mehr sehe, wohin, und weit weg, nein hier, bleibt da, geh zu, renn fort, da, wo Freiheit sich noch lohnt, und Lohn noch Freiheit ist und sein, die Zeit für sich, die man immer haben will, doch nie nimmt, und wenn man sie beansprucht, kommen nur Wörter ohne Sinn, zusammenhangslos aus dem Nichts, aus dem Schwarz, das übergeht zu Weiß. Und werden soll zu warmen Licht, zu meiner Straßenlaterne.

- *Hannah Blume*

Was ist los?

Das ist mein Leben Bringt mich heim, Landstraßen Oder seid ihr doch eher die Autobahnen in die Hölle Die Treppen zum Himmel seid ihr jedenfalls nicht

Stoppt mich nicht Ich kann nicht tanzen Aber ich hab das Auge des Tigers Denn ich bin geboren um wild zu sein

Ich höre die Höllen Glocken läuten Und sehe die Tränen im Himmel Ich lebe nach einem Gebet Und klopfe an die Himmelspforten Es kommt mir vor, wie ein anderer Tag im Paradies

Ich denke, schau immer auf die helle Seite des Lebens Doch das dachten wir im Sommer ´69 auch nicht Damals wünschten wir uns süße Träume Und hielten Ausschau nach einem Helden

Ich bin ein Überlebender Ich werde überleben Aber wer will schon für immer leben? Das ist mein Leben und es ist auch nur wie ein weiterer Stein in der Mauer

Menschen sind Menschen Zurück in Schwarz Nichts anderes zählt Als die wahren Farben

Ich bin ein Raketen Mann Wohl eher die Kerze im Wind Fortgetragen vom Wind Dem Wind der Veränderung

Hey Jude Leben und Sterben lassen Lass es sein Oder gib nur ein kleines bisschen

500 Meilen Irgendwo hinterm Regenbogen Dort stehen wir Im Lila Regen Im November Regen Zwischen Fürstenfeld und Westerland

Im Kreis des Lebens Im Fluss der Träume Dort will ich nichts vermissen Ich wünschte, du wärst hier Denn du, du warst meine Wundermauer

- *Pauline Weber*

The Circle of Life

Unfocused and not present. Thinking of the past. What Should have, would have, could have. Yet living in the present.

Blinded and shut out. Thinking of the future. What should be, would be, could be. Yet living in the past.

The past was but a present. That should not, would not, could not. Was doomed not to ever last. Yet never doomed to be neglected.

The future is yet to come. Abruptly and at last. What should be, would be, could be. One day will be the past.

- *Clarissa Neder*

Cuba

Dieser eine Ort, an dem die Löwen mit den Hunden laufen, dort wo es keine Unterschiede gibt, dort wo Geld dich nicht gerade besser macht, dort wo es zählt wie groß dein Herz ist, wie viel du auf andere gibst.

Dort, wo es nicht egal ist, wenn jemand am Boden liegt, dort wo gegeben wird obwohl so viel gebraucht wird. Jeder von uns hinterlässt Spuren auf dieser Welt. Sei es in eines anderen Menschen Herzens, in einem fremden Land oder im Beruf. Wir müssen darauf achten, dass es am Ende wert ist auf die Vergangenheit mit einem Lächeln zurückzublicken.

Sei der Mensch, der an diesem einen Ort Spuren hinterlässt, die niemand vergessen wird! Hilf dort wo gebraucht wird, nimm dankbar an wo gegeben wird. Nur so lernen wir richtig zu handeln.

Dieser eine Ort sollte überall sein, dort wo alle gleich sind, dort wo bis ins unermessliche geliebt wird. Dort wo deine Träume nie niemals enden sollten!!

- *Brenda Gonzalez Acosta*

Ein römischer Gedanke

Ich hab die Eingebung nicht; hab meine Muße verloren, weiß nicht was ich sagen soll und stell mich trotzdem hier hin und rede. Ich fühl mich, als könnt ich reden, wie viel ich will und es kommt trotzdem nichts sinnvolles raus; als könnt ich SCHREIEN und es würde trotzdem keiner verstehen. Und trotzdem hab ich was zu sagen. Ein Wunsch, ein Plädoyer. Ich will mehr Augenblicke im Leben, mehr Momente, von denen man sich wünscht, dass sie nie zu Ende gehen. Und schöne Gedanken, die auf ewig weiter hallen in den so großen Hallen unseres so kleinen Gedankenhauses. Und ich will Gefühle, davon so viele, dass ich die ganze halbe Menschheit damit anstecken könnte. Impulse von Emotionen, die das Leben prägen bereichern, erfüllen. Menschen, die unterstützen, lächeln, kritisieren. Und ich will Orte sehen, die inspirieren und faszinieren, deren Geschichten erfahren.

Ich mag Vergleiche. Unser Leben ist wie die Metro. Entweder wir rennen ihr nach oder wir müssen warten. Du hoffst immer auf den perfekten Moment in der du sie erwischst und aufatmen, dich entspannen kannst. Meistens sind viel zu viele Menschen um dich rum, du glaubst, du wirst gleich erdrückt.

Die Wellen schlagen. Du bist geblendet von unzähligen Blautönen und Sandfarben. Jede Muschel, jeder Stein, ein Kosmos an Farben für sich. Jedes Muster vergleichbar mit dem eines Gemäldes Da Vincis, von unbegreiflicher Schönheit. Der Fisch als Tier ist faszinierend. Kommt doch kaum einer auf die Idee einen Fisch zu streicheln. Aber warum nicht mal Unkonventionelles wagen? (Unter uns: Ist besser, als erwartet) Die Unkonventionen... Was ist damit eigentlich? Machen wir doch viel zu selten. Haben wir Angst davor? Nicht angepasst zu sein? Nicht zum „Rudel" der Menschheit zu gehören? Mach dir dein eigenes Rudel, deine Herde. Schwimm gegen den Strom oder verlass doch einfach mal den Fluss. Vielleicht auch nur kurz.

Nimm dir Auszeiten. Und wenns nur ein Gedanke ist an die Blautöne und Sandfarben vom Meer oder an das Gefühl vom Streicheln eines Fischs. Wir werden jeden Tag von hunderten Augen beobachtet, vielleicht bewundert, vielleicht für nicht gut genug empfunden. Sogar jetzt in diesem Moment [kurze Pause]. Doch was wissen diese Augen schon. Sie sehen nur die Oberfläche. Dann lasst uns doch mal oberflächlich sein. Lasst uns lächeln. Lasst uns Komplimente machen. Genau das wirkt für manche oberflächlich. Für mich wirkts aufbauend und aufmerksam. Das bereichert meinen Tag.

Und dann, ja dann irgendwann sehen wir faszinierende Orte, erleben Momente, von denen wir uns wünschen, dass sie nie vergehen. Genießen Augenblicke, lassen Gedanken weiterhallen. Haben tiefgreifende Gefühle, die wir teilen wollen. Und wir können den Tag von anderen ein bisschen bereichern.

- *Pauline Weber*

Zeit leer zu sein.

Das hier ist meine Zeit. Meine Zeit leer zu sein. Meine Zeit, zu schreiben um ein weißes Papier voll zu kriegen. Meine Zeit auf die Tastatur zu starren und zu hoffen dass ich keine Rechtschreibfehler mache. Meine Zeit, inne zu halten, wenn ich nicht mehr weiter weiß. Meine Zeit darüber nachzudenken, was gerade ist, was vorhin war und morgen sein wird. Meine Zeit, zu verbessern falls ich merke , dass ich etwas falsch geschrieben habe. Doch das Leben ist eine endlose Zeichnung ohne Radiergummi. Jedes Wort, jede Handlung, kann nicht mehr rückgängig gemacht werden. Nicht wie bei Word, markieren, kopieren, einfügen. Das Leben schreitet voran. Und lässt dich oft am Straßen Rand stehen. Die Welt dreht sich immer weiter und du drehst dich dagegen im Uhrzeigersinn. Deswegen habe ich gelernt, nichts zu bereuen. Nichts, auch wenn ich weiß, dass es Fehler waren, Fehler sind, die ich täglich begehe. Fehler, die ich noch begehen werde. Ich bereue nichts. Auch wenn mich das selbst meist mehr verletzt, als die Menschen um mich herum. Zeit für mich. Zeit leer zu sein und inne zu halten. Nachzudenken, um den Dingen seinen Lauf zu lassen. Starre auf die Buchstaben, die sich zu Worten formen. Alles ist vergänglich. Doch du bist es nicht. solange du daran glaubst. Du bist es nicht, solange du noch hoffst. Du bist es nicht solange du noch kämpfst. Für ein bisschen Zeit für dich. Und ein bisschen Zeit für andere. Ein bisschen Zeit für Fehler, schlechte Noten, Liebeskummer und ein-bisschen-zu-dick-sein. Ein bisschen Zeit muss sein, für Kunst und Gespräche und ein bisschen Zeit muss sein, für ein Buch und ein Stück Kuchen, auf der Hängematte am Strand. Die Zeit für dich. Denn du bist, der lebt und du lebst nur für dich. Und alle anderen kommen erst mal hinten dran. Ich will leer sein. Frei von allem was ich denke, was ich hab und was ich fühle. Frei von Erinnerung und Zukunftsblicken. Frei von allem was mich bewegt und beschäftigt. Ich will Zeit für mich. Und ich nehme mir die Zeit.

-   *Hannah Blume*

Definition von Liebe

Hast du dich schon mal gefragt, warum wir so sind wie wir sind? Fühlen uns für niemanden bestimmt. Wir haben Angst vor dem Unbekannten und würden uns am liebsten daheim in unserer eigenen Welt verschachteln. Wir haben die Vorstellung, dass unsere Zukunft aufblühen muss, doch dies geht leider nur mit dem gewissen Geldzuschuss. Denn Geld regiert die Welt, damit das Leben nicht zusammenfällt. Liebe ist alles was unser Leben steigert, erweitert, bereichert, sagte Franz Kafka, denn er wollte uns zeigen, alles es ist machbar. Die besten Dinge kommen in den kleinsten Stückzahlen, sagte Prinz Pi Denn auch er merkte schon, dass irgendwas falsch lief. Dabei ist das größte Geschenk auf der ganzen Erde, doch unbezahlbar, denn es ist die Liebe.

Liebe ist, wenn du mit jemanden zum Essen ausgehst und du die meisten deiner Pommes hergibst ohne dass sie dir welche von ihren geben müssen. Chrissy, 6 Jahre auf die Frage, was für sie Liebe sei.

Für uns Jugendliche und Erwachsenen muss Liebe gleich etwas ganz großes sein. Solange unser Partner nicht einen Urlaub in der Karibik bucht, mit uns den Sonnenuntergang am Strand anschaut und dann ‚OH WUNDER' ein Flugzeit vorbei fliegt mit einem Banner auf dem drauf steht: „I LOVE YOU" liebt er uns nicht. Wir verlangen immer mehr. Und lassen dabei das Wesentliche aus dem Auge. Wie Chrissy schon sagte, ist etwas zu teilen was einem selbst gehört ohne etwas als Rückgabe zu erwarten, doch eigentlich Liebe. Die Pommes mit Freunden teilen, ohne Geld zu verlangen. Die Zeit mit jemanden teilen, ohne auf Verzicht zu bestehen. Das Leben mit jemanden teilen, ohne Veränderung zu erwarten.

Liebe bringt dich zum Lächeln, wenn du eigentlich müde bist. Theresa, 4 Jahre.

Und die kleine Theresa beschreibt das Gefühl, jemanden zu lieben recht gut. Denn wenn es uns schlecht geht, dann nützt uns unser Geld nicht weiter. Gesundheit kann man nicht kaufen. Wenn wir müde sind, müde vom Leben, dann hilft uns dieser eine Gedanke. Dieser eine Gedanke an eine Person. Und wenn wir nachts wach liegen und nicht schlafen können und uns gefühlte 4 Stunden im Bett herumwälzen, dann bringt uns dieser Gedanke an diese eine Person zum Lächeln. Und denkt daran: Eine Legende besagt, dass wenn wir nachts nicht schlafen können, wir im Traum einer anderen Person wach sind. Bringt dich das zum Lächeln? Dann ist das Liebe.

Liebe ist eine kleine alte Frau und ein kleiner alter Mann die immer noch Freunde sind obwohl sie sich doch schon so gut kennen. Tommy, 6 Jahre

Liebe heißt nicht, sich jemanden zu suchen um für den Moment glücklich zu sein. Es ist mehr. Denn es kommt nicht darauf an, wen du um 2 Uhr nachts vermisst, wenn du dich alleine fühlst, sondern um 2 Uhr Mittag, wenn du gestresst, beschäftigt und genervt bist und aber trotzdem nur an diese Person denken kannst. Liebe ist nicht zeitlich begrenzt. Und wenn ich daran denke dass meine Großeltern schon fast 60 Jahre verheiratet sind, und sich immer noch wie zwei Teenager verhalten und mein Opa meine Oma auf den Arm nimmt und sie nach so langer Zeit immer noch ironisch antwortet: „Johann, du bist genauso wie früher. Einfach ein Idiot" Dann kann man das nicht mit Geld kaufen, denn Zeit ist nicht käuflich. Und das ist Liebe.

Mutti sagt zu Vati selbst wenn er verschwitzt und schmutzig ist, dass er toller aussieht als Brad Pitt. Das ist Liebe. Chris, 7 Jahre

Ein Mensch ist nicht fehlerfrei. Niemand ist perfekt. Und ein Mensch hat negative Eigenschaften: Zu laut, zu leise, zu schüchtern zu extrovertiert, und manche Menschen kommen mit dem ein oder anderen klar, oder eben nicht. Und das ist menschlich. Ich habe Fehler. Und du hast Fehler. Und der Mann in der 3. Reihe rechts außen hat auch Fehler. Jeder hat eben Fehler. Und das ist kein Fehler. Denn man muss nur Menschen finden, die deine Fehler nicht sehen, oder eben darüber hinwegsehen. Einen Menschen zu akzeptieren ist nicht immer einfach, ich weiß das. Aber einen Menschen verändern zu wollen, nur damit es einem bequemer ist, ist noch viel schwerer. Also lass es sein. In einem Menschen das Positive zu sehen, ohne das negative zu beachten und aus dem negativen etwas Positives zu machen, das ist Kunst. Und der Mensch der in einem verschwitzten Mann Brad Pitt sieht, ist ein Künstler.

Ich weiß, dass meine Schwester mich liebt. Sie gibt mir all ihre Klamotten und muss dann wieder neue kaufen. Laura, 4 Jahre Wenn Mama dem Vati das beste Stück vom Hähnchen gibt, das ist Liebe. Elena, 5 Jahre

Liebe ist Zurückstecken können. Liebe ist schenken. Wenn ich Klamotten von meiner Schwester behalte, dann ist sie vielleicht nicht unbedingt glücklich darüber, aber sie ist mir auch nicht böse. Denn Liebe bedeutet auch mal zu sagen: „Ach, das kann sie ruhig haben. Ich brauch das nicht mehr." Schenken ist ein Zeichen von Wertschätzung. Ich muss jemanden nicht nur was zum Geburtstag schenken mit dem Hintergund: „Hey ich find super, dass du geboren wurdest." Nein, ich kann jemanden auch was schenken um mich zu bedanken. „Hey, danke dass du für mich da bist."

„Hey, danke dass du mich zum Lachen bringst, wenn ich vergesse wie das geht." „Hey, danke dass du so bist, wie du bist." Und jemanden ein Dankeschön zu schenken, ist wertvoller als ein 15 Euro Gutschein vom H und M.

Und last but not least wäre da noch die kleine Jessika, 8 Jahre alt, die uns etwas sehr wichtiges zu sagen hat: Man sollte „Ich liebe dich" wirklich nur sagen, wenn man es auch wirklich meint, aber wenn man es wirklich meinst, sollte man es ganz oft sagen. Menschen sind vergesslich. Menschen sind vergesslich. Sehr sogar. Für sie zählt nur noch: einen Job haben, Erfolgreich werden, Karriere machen, viel Geld verdienen, ein großes Haus bauen, denken man hat somit alles erreicht im Leben und dann pseudo glücklich aber alleine sterben. Menschen sind vergesslich. Denn sie vergessen was wirklich zählt im Leben, nämlich lieben. Und das heißt auch: Spaß haben, Mist bauen, gegen die Regeln verstoßen, legal, illegal, scheißegal, gegen die Konventionen leben, aus dem Rahmen fallen. Hinfallen, Aufstehen. Lachen bis der Bauch weh tut. Cola trinken bis zum Zuckerschock und Milchshake trinken bis das Gehirn erfriert. Freunde finden, Freunde verlieren. Sich anstrengen um Ziele zu erreichen. Nicht aufgeben. Rebellieren, Debattieren, Diskustieren. Fliegen und schwimmen, tanzen und singen. Lieben. Einfach nur Leben. Und wir brauchen Menschen, die uns daran erinnern. Menschen, die uns wachrütteln. Denn wir sind vergesslich Es gibt so viel

Schlechtes auf dieser Welt. Krieg, Terror, Katastrophen. Dabei passiert es schnell dass wir uns fragen: „Wo ist die Liebe?" Und hiermit möchte ich dir sagen: Liebe ist überall. Und sie ist unbezahlbar. Ein kleiner blauer Planet, eingepackt in Herzchengeschenkpapier.

„Komm gut nach Hause." „Sag mir Bescheid, wenn du daheim bist." „Fahr vorsichtig." „Pass bitte auch dich auf." Auch das bedeutet Liebe. Du bist wundervoll. Und jemand auf dieser Welt liebt dich und Pass bitte auf dich auf.

-   *Christina Kulau*

Nachwort

Wir wollen uns bei unserer Schule, der St. Ursula Schule Würzburg – ohne die das Projekt gar nicht möglich gewesen wäre- und unserer Schulleitung Sr. Katharina, bedanken. Auch Sr. Ruth, die uns bei der Technik geholfen hat, der Küche, die uns mit Essen und Trinken versorgt hat und unseren Hausmeistern, die uns mit der Ausstattung und der Bühnenoptik geholfen haben, wollen wir DANKE sagen.

Vor allem geht unser Dank aber auch an ARNTZ Haustechnik sowie an die Stadt Würzburg, die uns mit Spendengeldern tatkräftig unterstützt haben.

Zuletzt möchten wir uns auch bei unseren Zuschauern und deren Spenden bedanken, ohne die unser Poetry Jam Abend gar nicht möglich gewesen wäre.

Unseren größten Dank sprechen wir jedoch unserem Kursleiter Herrn Stier aus, ohne den das Projekt gar nicht zustande gekommen wäre. Er hat uns eineinhalb Jahre stets begleitet und uns immer wieder Mut gemacht, auch wenn es manchmal danach aussah, dass nichts klappen würde. Er hat live miterlebt wie wir uns entwickelt und verändert haben und hat uns unseren eigenen Weg gehen lassen. Wir haben viel bei ihm gelernt, vor allem, dass man Vertrauen ineinander haben muss.

Soweit, so gut. Das Beste kommt zum Schluss. Wir danken uns auch selbst für die schöne Zeit, die wir miteinander hatten. Trotz einiger Krisen sind wir ein gutes Team geworden, auf das man sich verlassen kann. Ohne uns gäbe es heute kein Wir.

unikARTe neun.

Zeitfracht Medien GmbH
Ferdinand-Jühlke-Straße 7
99095 Erfurt, Deutschland
produktsicherheit@kolibri360.de